Frédéric Clément

VERFÜHRUNGS KÜNSTLER

Wie Tiere zueinanderfinden

Aus dem Französischen von Sarah Pasquay

KNESEBECK

INHALTSVERZEICHNIS

VORWORT

Hereinspaziert, immer hereinspaziert! Nehmt Platz! Macht es euch bequem im Paradiestheater!

Ich habe die Ehre, euch heute durch die Vorstellung zu führen, und freue mich sehr, euch unsere prächtige Schau präsentieren zu dürfen.

Ihr werdet goldgeschmückte Kreaturen sehen,
mit Stacheln bewehrte, filigrane Geschöpfe,
wackere Herren mit eindrucksvollem Kopfschmuck,
zartfühlende Giftmischer,
märchenhafte Geschöpfe, die strahlende Lichter durch
die Nacht schicken …
Kommt nur herein, nehmt Platz! Auf der Bühne des
Paradiestheaters beginnen nun die herzergreifenden,
bezaubernden, staunenswerten Balzrituale …

DER LEUCHTKÄFER

Zu Beginn möchte ich euch bitten, ganz still zu sein und alle Lichter zu löschen, denn hinter dem Vorhang wird ein ganz besonderes Schauspiel vorbereitet …

In manchen Ländern nennt man dieses Tier »Feuerfliege«, bei uns heißt es im Volksmund »Glühwürmchen«.

Doch das fragliche Tier ist weder eine Fliege noch ein Wurm, sondern ein kleiner Käfer aus der Familie der *Lampyridae*. Die Leuchtkäfer, die wir heute Abend zu uns eingeladen haben, tragen den hübschen Namen *Luciola cruciata* und kommen aus Japan.

Ihre hungrigen Larven leben im Süßwasser und ernähren sich von Wasserschnecken. Doch jetzt ist es Zeit für die Liebe. Also, schirmt eure Augen ab und … der Laternentanz möge beginnen!

LICHT AN!

Das *Luciola-cruciata*-Weibchen hat sich elegant auf einem Ast niedergelassen. Es wartet geduldig und leuchtet. Während das Ende seines Unterleibs weiterhin leuchtet, beobachtet es den ausgelassenen Tanz der Leuchtkäfermännchen, die durch den Wald schwirren und dabei blinken. In diesem funkelnden Gestöber sucht Frau *Luciola* nach dem, der ihr am besten gefällt, ihrem Auserwählten. Dem, der ihr den geheimen Code zublinken wird, der nur für sie bestimmt ist. Dem, der ihr die richtige Botschaft schickt.

Es sind Hunderte winziger Laternen, die in dieser Frühlingsnacht aufgeregt blinkend hin- und hersausen.

EIN-ZWEI-EINS-DREI.

Sie empfängt das Signal. Es ist für sie.

Als Antwort lässt sie die letzten Segmente ihres Unterleibs aufleuchten, wie eine kleine grüne Laterne.

EIN BLINKEN. ZWEI BLINK-ZEICHEN. EIN BLINKEN. DREI GRÜNE BLINKZEICHEN.

Das ist der Code!
Das ist das »Ja«. Die erhoffte Einladung. Nun lässt sich das Männchen auf dem Ast seiner Auserwählten nieder. Es rückt näher und näher und näher …

Im alten Japan sagte man, Leuchtkäfer seien die Seelen der kürzlich Verstorbenen. Es ist still geworden. Lassen wir sie ihre strahlende Liebe genießen und flüstern dazu den Haiku des japanischen Dichters Bashō:

Kleine Leuchtfeuer
Glühwürmchen schwirren im Wald
Blühendes Gasthaus

DER PARADIESVOGEL

Und nun dürft ihr applaudieren, lachen, euch von dem Spektakel verzaubern lassen. Raschelnde Flügel, klappernde Schnäbel: Auftritt der Paradiesvögel. Seht euch diese prachtvollen Geschöpfe genau an.

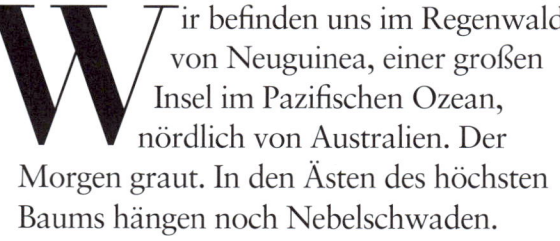

Wir befinden uns im Regenwald von Neuguinea, einer großen Insel im Pazifischen Ozean, nördlich von Australien. Der Morgen graut. In den Ästen des höchsten Baums hängen noch Nebelschwaden.

Eine Kolonie männlicher Gelb-Paradiesvögel schlummert noch auf dem Lek. So nennt man den Balzplatz, der hier auf diesem hohen Baum liegt. Er ist ausschließlich für ein Dutzend Vögel mit smaragdgrünem Kopf und langen goldgelben Rückenfedern reserviert: *Paradisaea minor*.

Da erwacht einer von ihnen. Die ersten *Wak Wak Wak* ertönen. Spitze Schreie, die im Ohr eines weit entfernten Weibchens widerhallen. Mit ein paar Flügelschlägen kommt es näher und lässt sich auf dem benachbarten Baum nieder. Still und leise. Mit seinen weit geöffneten hellen Augen beobachtet es die Szene. Das schmucklose Weibchen mit dem schlichten dunkelbraunen Federkleid sorgt auf dem Balzplatz für große Aufregung. Alle zwölf Bewerber rufen durcheinander.

WAK WAK WAK WAK WAK WAK

Auf allen Zweigen wird gehüpft, gezappelt und gekreischt. Das Spektakel beginnt. Die Schöne sieht zu. Der große Baum erzittert, bewegt sich, schmückt sich mit goldenen Federn.

Ein jeder schreit so laut er kann, auf seinem eigenen Zweig, den er mit allen Mitteln verteidigt. Denn er ist seine Bühne, der Schauplatz für seinen Balztanz.

Mit einem Flügelschlag schwingt sich das Weibchen zu dem Zweig mit dem besonders kraftstrotzenden, leidenschaftlichen Männchen auf. Zu dem, das so lauthals schreit, dessen Federn so golden schimmern wie die Sonne und so lang sind wie unendliche Farnzweige.

Doch noch ist für den auserwählten Paradiesvogel nichts entschieden. Jetzt muss er seine Kraft, seine Lebhaftigkeit und seine Pracht vorführen. Der majestätischste Teil seines Tanzes beginnt: Hals und Kopf bogenförmig nach unten gestreckt, die Flügel nach vorn gerichtet, schwingt das Männchen seine aufgerichteten Schmuckfedern wie goldene Garben. Es zittert, es vibriert.

ES TANZT SICH IN TRANCE.

Ein eindrucksvolles Spektakel! Das Weibchen rückt stumm und fasziniert näher. Noch ein Stück und noch ein Stück … Ja, ganz klar, er wird der Auserwählte sein!

DAS SEEPFERDCHEN

Für die folgende Vorstellung ist ein riesiges Aquarium hergebracht worden, denn nun möchte ich euch etwas wahrhaft Kurioses präsentieren … Seht nur, da schlängelt sich schon ein eigenartiges Tier durch die Algen.

Das Wesen ist so groß wie eine Schachfigur, sein Kopf gleicht dem eines stolzen, heißblütigen Hengstes und ist mit Stacheln besetzt. Aufrecht und ruhig bewegt es sich vorwärts, sein schlangenförmiger Schwanz schlingt sich um die Wasserpflanzen. Es sieht aus, als sei es einem Buch mit Fabeltieren entsprungen. In der griechischen Mythologie heißt es, Poseidon, der Gott des Meeres, habe sein Königreich auf einem Wagen durchquert, der von diesen schnaubenden Kreaturen gezogen wurde. Alles deutet darauf hin, dass es sich um ein furchterregendes, kampflustiges Tier handelt.

Doch das Seepferdchen ist ganz friedfertig. Während es sich fortbewegt, saugt es vorsichtig winzige Garnelen ein. Es ist weder Pferd noch Schlange, auch nicht Chamäleon oder Molch. Es ist ein Fisch aus der Familie der *Syngnathidae.*

Und nun aufgepasst, denn das Seepferdchen schwimmt an einer schönen Artgenossin vorbei, die ihren Schwanz um eine Alge geschlungen hat. Die Schöne wendet sich zu ihm um. Das Männchen macht eine Kehrtwendung.

Und dann beginnt der Tanz.

Sie drehen sich, kreisen umeinander und berühren einander dabei leicht. Ihre Rückenflossen zittern. Ihre Schwänze umschlingen sich. Stundenlang liebkosen sie einander und halten sich zärtlich umschlungen.

Und jetzt beugt euch vor, kommt ein bisschen näher. Der geheime Moment der Seepferdchen ist gekommen … Nach ausgiebigen Liebkosungen spritzt die Schöne mehrere Hundert Eier in die Bauchtasche des Männchens. Und der stolze Herr mit dem gerundeten Bauch wird die Jungen drei bis fünf Wochen lang ausbrüten.

Wenn es soweit ist, hält sich das Seepferdchen mit seinem Schwanz an einer Alge fest, presst seinen gewölbten Unterleib zusammen und drückt stoßweise eine ganze Schar winziger, anrührender Seepferdchen heraus.

Viele von ihnen enden als Delikatesse im Bauch gieriger Fische. Einige aber überleben und erhalten ihrerseits die Chance, sich zu umschlingen, umeinander zu kreisen, sich am Tanz und an Liebkosungen zu berauschen …

DER SEIDENLAUBENVOGEL

Der Vogel, den ich euch nun präsentieren möchte, ist ein
großer Künstler und im ganzen Osten Australiens berühmt.

Dunkles, schlichtes, unauffälliges Federkleid, das hier und da türkis schimmert. Waches, rötlich-violettes Auge. Hier kommt

PTILONORHYNCHUS VIOLACEUS!

Oder, einfacher gesagt, der Seidenlaubenvogel.
Dieser großartige Architekt wird vor euren Augen ein Meisterwerk errichten, ein Prachtstück mit perfekter Statik.

Seht euch zunächst einmal an, wie er den ausgewählten Platz im Wald säubert. Auf dem Boden darf nicht der kleinste unerwünschte Stein liegen, kein noch so winziges totes Blatt.

Die Bühne soll eben und rein sein.
Ist die Hausarbeit erledigt, begibt er sich auf die Suche nach sauberen, geraden kleinen Zweigen. Mit ihnen legt er den Boden sorgfältig aus.
Doch damit ist es längst nicht getan.
Nun muss er noch den Bogen errichten.
In der Mitte, gut sichtbar.
Also sammelt er weitere Zweiglein, die er akribisch genau hochkant zu einem Bogen verbaut. Nun ist das Gebäude, die sogenannte Laube, fertig.

Aber um das hübsche Weibchen anzulocken, das er in der Umgebung hat herumhüpfen sehen, ist mehr vonnöten. Noch mehr.

IMMER NOCH MEHR.

Der Seidenlaubenvogel ist nicht nur ein begabter Baumeister, sondern auch ein talentierter Künstler, ein Meister des Blau.
Auf der Suche nach blauen Schätzen inspiziert er jeden Winkel im Unterholz, jede Lichtung, jeden Garten. Preußischblau, Ultramarinblau, Indigo, Himmelblau, Saphirblau – alles, was blau ist, wird eingesammelt. Kronkorken, Stiftkappen, Federn, Blüten werden elegant vor der Laube drapiert.

Wie schön! Welch ein Künstler! Das Weibchen mit dem unauffälligen Federkleid hüpft von Ast zu Ast und wirft immer wieder einen Blick auf das Bauwerk. Es zögert. Dann nähert es sich. Entfernt sich wieder. Kehrt zurück. Lässt sich nichts anmerken. Pickt etwas vom Boden auf. Hüpft hier und da wieder auf ein Zweiglein.

Wenn Fräulein *Ptilonorhynchus violaceus* sich die Laube näher besieht, ist das ein Zeichen. Ein Zeichen dafür, dass das Kunstwerk perfekt ist. Dass der Meister des Blau mutig und robust ist … Die Aussichten stehen gut, dass auch die Eier schön und die Jungen kräftig werden. Also stimmt sie zu.

SIE TRITT EIN …

DER KUGELFISCH

Wo wir gerade von Kunstwerken und Architektur sprechen …
Niemand reicht an das Talent jenes Tieres heran, das schon
ungeduldig in seinem Meerwasserbecken herumzappelt. Bühne
frei für den Kugelfisch!

K ürzen wir seine Qual ab, er darf nicht eine Minute verlieren, denn vor ihm liegen neun lange, arbeitsreiche Tage.

Hier kommt in einer Sandwolke der zappelnde Kugelfisch!

Seinen Namen trägt er, weil er sich wie ein Luftballon aufblasen kann, um Feinde abzuschrecken. Und unvorsichtige Feinschmecker bestraft er mit dem tödlichen Gift, das in seiner Leber und anderen Organen enthalten ist.

Der nur rund zwölf Zentimeter lange geniale Baumeister aus der Familie der

Tetraodontidae lebt in den Tiefen des Meeres im Süden Japans.

Der hartnäckige Kugelfisch zeichnet die ersten Rillen seines Werks in den Sand. Eine nach der anderen gräbt er in den Boden. Dann hält er inne. Mit kleinen Bewegungen seines Bauchs ebnet er die Vertiefungen und begradigt die Scheitellinien. Dann macht er weiter. Mit den Seitenflossen und der Schwanzflosse schaufelt er den Sand beiseite. Hier und da sammelt er störende Steinchen auf, die er an anderer Stelle wieder ausspuckt …

ALLES SOLL
PERFEKT SEIN!

Die Gezeiten kommen und gehen, die Tage verstreichen. Die Arbeit ist fast vollendet. Nach und nach lichtet sich der Nebel aus aufgewühltem Schlick. Jetzt können wir das Wunderwerk erkennen:

EINE ROSETTE!

Filigran. Größer als das Rad einer Kutsche. Prachtvoll. Mit geheimnisvoll golden schimmernden Sandplättchen. Den größten Kathedralen ebenbürtig.

Doch der unermüdliche Kugelfisch schwimmt unruhig über sein Werk hinweg. Umrundet das große Rad. Inspiziert alles. Verfeinert eine Rundung. Begradigt eine Kante. Ebnet einen Buckel ein. Zupft eine unschöne Alge heraus. Plötzlich hält er inne. Ein flüchtiger Blick. Jenseits der Rosette schwimmt ein Weibchen, das sich offenbar für das Werk interessiert. Hat er es angelockt? Unser Baumeister lädt es ein näherzukommen. Fröhlich und verliebt umrunden die beiden das Gelände Seite an Seite. Schwimmen durch die Alleen. Und gelangen schließlich in die Mitte. Zu einem kreisförmigen Platz in Form eines Nestes.

Hier wird das Weibchen seine Eier ablegen.
Denn unser Kugelfischmännchen hat nicht nur eine wunderschöne Rosette in den Sand gezeichnet. In deren Mitte hat er außerdem ein Nest gebaut, in dem die Eier vor Strömungen geschützt sind.

EIN RAFFINIERTER BAUMEISTER, DIESER KUGELFISCH!

DER HIRSCH

Wir wechseln nun die Umgebung, die Temperatur und die Jahreszeit. Es ist noch Winter, aber bald schon wird es Frühling sein. Wir befinden uns irgendwo in Europa.

Auf einer nebligen Lichtung erwacht ein Hirsch, der stolz sein majestätisches Geweih in die Höhe reckt. Doch in wenigen Stunden schon wird es abfallen, auf der einen wie auf der anderen Seite. Wie jedes Jahr. Ganz ohne Schmerzen. Nur ein paar Tropfen Blut werden im Gras zu sehen sein. Auf den beiden Narben bildet sich rasch eine dünne, kurzbehaarte Haut. Bald darauf kommen zwei samtige Beulen zum Vorschein. Sie wachsen und verzweigen sich.

In nur vierzehn Wochen, sobald der Sommer sich dem Ende zuneigt, trägt der große Hirsch wieder ein prächtiges Geweih. Jetzt muss er es nur noch an den Bäumen scheuern, um die letzten Reste der trockenen, samtigen Haut abzustreifen.

An einem frühen Morgen zu Beginn des Herbstes schließlich röhrt er zum ersten Mal so laut er kann. In der Sprache der Hirsche bedeutet dieses Röhren:

»Ihr meine Hirschkühe, da bin ich! Ich bin stark! Stolz und kräftig! Ich erwarte euch!

JEDOCH …

Auch andere meinen, das mächtigste Geweih, die imposanteste Größe und die kräftigste Brust zu besitzen, und röhren das laut hinaus.

Und wenn an einem frühen, nebligen Herbstmorgen ein einsamer Hirsch auf einen anderen trifft

KOMMT ES ZUM DUELL! HEFTIGER AUFPRALL!

Die Geweihe krachen aufeinander und verhaken sich. Heiseres Röcheln. Ersticktes Hufeklappern auf dem niedergetrampelten Gras. Etwas abseits stehen die Hirschkühe und beobachten den Kampf. Bisweilen nimmt er ein tragisches Ende, aber das kommt selten vor. Meistens entfernt sich der Unterlegene nach Ende des Kampfes. Der Sieger stößt ein triumphierendes Röhren aus und versammelt dann sein Rudel um sich.

Dieses Rudel, das aus bis zu dreißig Hirschkühen besteht, wird vom Hirsch eifersüchtig bewacht.

Unablässig hält er es zusammen und verjagt junge männliche Werber.

Die herbstliche Brunftzeit ist kräftezehrend, der »König des Waldes« verliert dabei rund zwanzig Kilo.

Auf die große Anstrengung folgt eine Ruhezeit ... Zahlreiche Kälber werden geboren. Dann kommt der Winter und mit ihm der beschämende Verlust des prächtigen Geweihs. Da zieht sich der Hirsch unauffällig vom Rudel zurück. Die älteste Hirschkuh übernimmt die Führung. Der Hirsch verschwindet im Wald. Dank seines rotgrauen Fells, das mit den Blättern und Flechten verschmilzt, ist er nahezu unsichtbar ...

DIE PFAUENSPINNE

Für den folgenden Balztanz ist höchste Konzentration
erforderlich, am besten wappnet ihr euch mit einer Lupe.
Diese Springspinne ist eine gefürchtete Jägerin. Sie
benötigt kein Netz, sondern stürzt sich mit hohen Sprüngen
auf ihre Beute. Doch nun aufgepasst, lasst euch verzaubern
und zum Lachen bringen …

Ein Sprung. Zwei Sprünge.
Drei Sprünge. Mit vier
Sprüngen landet vor unseren
Augen, aus Australien, *Maratus amabilis*, die auf den hübschen
englischen Namen *peacock spider* hört:
die Pfauenspinne. Zunächst kommt das
sand- und altholzfarbene Weibchen,
dicht gefolgt von einem Männchen, das
sein Festgewand noch zusammengelegt
hat.

Jetzt braucht ihr eure Lupe, denn
die beiden Spinnen sind klein. Vier,
höchstens fünf Millimeter groß.

Bald beginnt die verblüffende,
zauberhafte Vorstellung des
liebreizenden Männchens.

Wie jede Spinne besitzt es vier
Beinpaare, doch zwei Beine sind ganz
besonders lang und mit hübschen
weißen Puscheln verziert.

Das Weibchen steht etwas
abseits und beobachtet
unbeweglich das
Geschehen.

Vor den Augen der Dame beginnt
der Herr seinen Tanz. Schnelle
Trippelschritte nach rechts. Langsame
Trippelschritte nach links.

Ein Puschelbein nach oben schwingen.
Das zweite Puschelbein nach oben
schwingen.

Er spielt Verstecken. Verschwindet
hinter einem Stein. Dann hinter einem
anderen Stein.

Als er wieder auftaucht, hat der
prächtige Herr *Maratus* sein Festgewand
ausgebreitet.

Sein Unterleib ist zusammengepresst, abgeflacht zu einer türkis-rubinroten Maske und fächerartig aufgerichtet. In diesem Kleid, das in den Augen seiner Zuschauerin wie ein wunderschönes Schmuckstück aussieht, tanzt er. Trippelt aufgeregt hin und her. Hält inne.

MACHT WEITER.

Seine Puschelbeine schwingen wie Zeiger hin und her. Hypnotisch. Tick. Tack. Tick. Ganz sanft. Vorsichtig. Er

tänzelt. Nach vorn. Im Kreis. Zurück. Das Schauspiel scheint der Dame zu gefallen, die sich davon anlocken lässt. Zum Glück, denn andernfalls liefe der liebenswerte Herr *Maratus* Gefahr, von seiner Auserwählten kurzerhand verschlungen zu werden.

In Australien gibt es achtundvierzig verschiedene Arten dieser Springspinnen – eben jene *Maratus*, alle so entzückend wie unsere *Amabilis*. So edel, so farbenfroh, so fein gezeichnet, dass man glauben könnte, sie seien einem Schmuckkästchen entsprungen.

DER PFAU

Um diese Vorstellung mit einem wahrhaftigen Feuerwerk zu beschließen, lade ich nun den erlauchtesten, sagenumwobensten Schauspieler ein, auf die Bühne zu kommen …

Hier seht ihr nun den unsterblichen, den göttlichen *Pavo* mit der durchdringenden Stimme, den Pfau mit den hundert Augen, gefolgt von seiner raschelnden Schleppe

UND SEINER STUMMEN GEFÄHRTIN.

Bevor unser Gast uns mit seiner ganzen Pracht verzückt, gestattet mir, euch eine der berühmtesten Legenden zu erzählen, die Ovid* in seinen *Metamorphosen* überliefert:

Als Jupiter, der Gott der Götter, der Blitzeschleuderer und Herr des grollenden Donners, eines Tages einen Blick auf die Erde wirft, sieht er die junge Io, die sich vor der Dunkelheit ängstigt und vor dem Gewitter flieht. Der flatterhafte Gott ist sofort verzückt von der schönen jungen Frau. Er nimmt die Gestalt einer Wolke an, hüllt sie ein, tröstet sie, streichelt sie und umklammert sie. Dann macht er sie mit weiteren Gewittern und weiteren Treffen zu einer seiner vielen Geliebten. Jedoch … Seine Ehefrau Juno ist von der plötzlichen Dunkelheit auf der Erde misstrauisch geworden und sucht ihren Gatten auf dem ganzen Olymp. Sie vermutet in seiner Abwesenheit eine erneute Untreue.
Also forscht sie nach.
Kaum hat sie den Fuß auf die Erde gesetzt, befiehlt sie den Wolken, sich zurückzuziehen und das Licht durchzulassen. Zu spät. Jupiter, der weiß, wie eifersüchtig Juno ist, hat die schöne Io bereits in eine hübsche weiße Jungkuh verwandelt.

Doch Juno ist nicht dumm: Sie heuchelt Bewunderung für die junge Kuh und bittet ihren Ehemann, sie ihr zum Geschenk zu machen. Da Jupiter ihr das schwer verweigern kann, schenkt er sie ihr, setzt aber seine Besuche bei Io in Gestalt eines Stiers heimlich fort. Juno beschließt daraufhin, die weiße Kuh Tag und Nacht bewachen zu lassen. Mit dieser Aufgabe betraut sie Argus, den Riesen mit den hundert Augen. Der unfehlbare Hüter schläft nie. Während sich fünfzig Augen mit geschlossenen Lidern ausruhen, bleiben die anderen fünfzig geöffnet und wachsam. Die Tag und Nacht bewachte, unglückliche Io vergießt zahlreiche Tränen. Jupiter hat Mitleid.

Er befiehlt seinem Sohn Merkur, Argus zu töten und seine Geliebte zu befreien. In Sandalen und mit geflügeltem Hut steigt der junge Gott auf die Erde hinab, seinen Zauberstab unterm Arm. Es ist eine knifflige Aufgabe, den nimmermüden Argus zum Schlafen zu bringen, doch Merkur ist ein ausgezeichneter Erzähler. Er redet und redet und erzählt unzählige Geschichten, bei denen man im Stehen einschlafen könnte.
Die Lider werden schwerer und schließen sich eines nach dem anderen. Die letzten widerstrebenden Augen berührt Merkur mit seinem Zauberstab. Dann enthauptet er den Riesen mit einem kräftigen Säbelschlag.

Juno begibt sich sogleich zum Ort des Geschehens, gefolgt von ihrem treuen Pfau. Vorsichtig löst sie ein Auge nach dem anderen aus dem Kopf des Riesen und schmückt damit das Federkleid ihres heiligen Vogels.

Deshalb ist der Pfau heute, wenn er sich zu voller Pracht entfaltet, mit Augen verziert.
Wenn der berühmte *Pavo* uns gegenübersteht, sieht er zu, wie wir seine hundert weit geöffneten Augen bewundern.
Mit aufgeschlagenem Rad dreht er sich langsam um die eigene Achse, stolziert umher und genießt seinen Erfolg …

*Ovid: römischer Dichter, geboren 43 vor Christus, gestorben 17 nach Christus.

Titel der Originalausgabe: *Parades*
Erschienen bei Éditions du Seuil, Frankreich
Copyright © 2016 Éditions du Seuil, Paris

Deutsche Erstausgabe
Copyright © 2018 von dem Knesebeck GmbH & Co. Verlag KG, München
Ein Unternehmen der La Martinière Groupe
Umschlagadaption: Leonore Höfer, Knesebeck Verlag
Übersetzung: Sarah Pasquay, Hildesheim
Satz: VerlagsService Dietmar Schmitz GmbH, Heimstetten
Printed in France

978-3-95728-078-7